BEI GRIN MACHT SICH IHR WISSEN BEZAHLT

- Wir veröffentlichen Ihre Hausarbeit, Bachelor- und Masterarbeit

- Ihr eigenes eBook und Buch - weltweit in allen wichtigen Shops

- Verdienen Sie an jedem Verkauf

Jetzt bei www.GRIN.com hochladen und kostenlos publizieren

Bibliografische Information der Deutschen Nationalbibliothek:

Die Deutsche Bibliothek verzeichnet diese Publikation in der Deutschen National-bibliografie; detaillierte bibliografische Daten sind im Internet über http://dnb.d-nb.de/ abrufbar.

Dieses Werk sowie alle darin enthaltenen einzelnen Beiträge und Abbildungen sind urheberrechtlich geschützt. Jede Verwertung, die nicht ausdrücklich vom Urheberrechtsschutz zugelassen ist, bedarf der vorherigen Zustimmung des Verlages. Das gilt insbesondere für Vervielfältigungen, Bearbeitungen, Übersetzungen, Mikroverfilmungen, Auswertungen durch Datenbanken und für die Einspeicherung und Verarbeitung in elektronische Systeme. Alle Rechte, auch die des auszugsweisen Nachdrucks, der fotomechanischen Wiedergabe (einschließlich Mikrokopie) sowie der Auswertung durch Datenbanken oder ähnliche Einrichtungen, vorbehalten.

Impressum:

Copyright © 2019 GRIN Verlag
Druck und Bindung: Books on Demand GmbH, Norderstedt Germany
ISBN: 9783346114907

Dieses Buch bei GRIN:

https://www.grin.com/document/514752

Sandra Rebholz

Beweglichkeits- und Koordinationstraining. Erstellen eines Trainingsplans für eine Testperson

GRIN Verlag

GRIN - Your knowledge has value

Der GRIN Verlag publiziert seit 1998 wissenschaftliche Arbeiten von Studenten, Hochschullehrern und anderen Akademikern als eBook und gedrucktes Buch. Die Verlagswebsite www.grin.com ist die ideale Plattform zur Veröffentlichung von Hausarbeiten, Abschlussarbeiten, wissenschaftlichen Aufsätzen, Dissertationen und Fachbüchern.

Besuchen Sie uns im Internet:

http://www.grin.com/

http://www.facebook.com/grincom

http://www.twitter.com/grin_com

Deutsche Hochschule für
Prävention und Gesundheitsmanagement
Hermann Neuberger Sportschule 3
66123 Saarbrücken

Einsendeaufgabe

Fachmodul:	Trainingslehre III
Studiengang:	BFÖ
Datum Präsenzphase:	18.11.2019 – 20.11.2019

Name, Vorname:	Rebholz, Sandra
Studienort:	München
Semester:	WS17

Inhaltsverzeichnis

1 Diagnose der Testperson

Die Diagnose stellt den aktuellen Gesundheits- und Leistungszustand der Testperson dar, bezogen auf die spätere Belastbarkeit des Bewegungstestes. In der Anamnese finden sich die allgemeinen und biometrischen Daten der Testperson wieder. Sie werden zur späteren Analyse zusammenfassend aufgeführt und der Beweglichkeitstest nach Janda wird durchgeführt.

1.1 Allgemeine und biometrische Daten

Tab. 1: Allgemeine und biometrische Daten der Testperson

Alter	43 Jahre
Geschlecht	männlich
Körpergröße in m	1,83m
Körpergewicht in kg	83kg
berufliche Tätigkeit	Bürokaufmann, Vollzeitjob 40h/Woche, 90% sitzende Tätigkeit
aktuelle sportliche Tätigkeit	Freizeittennis in der Halle (2x45min./Woche) sonntags 2h spazieren mit der Familie
Sportliche Vorgeschichte	Aktiver Tennisspieler Jugend bis zum 18. Lebensjahr (4,5h/Woche), ab und an Ausdauereinheiten
Trainingsmotive	Erhöhung der Beweglichkeit, mehr Bewegung, leichte koordinative Schwierigkeiten verbessern
zeitliche Verfügbarkeit	Ein Training wäre jeden Abend möglich, außer Dienstag und Freitag
allgemeiner gesundheitlicher Zustand	Fühlt sich gut, nicht eingeschränkt
Krankheiten, Medikamenteneinnahme, Risikofaktoren, gesundheitliche Einschränkungen	Keine chronischen und akuten Erkrankungen, Medikamente, Risikofaktoren und gesundheitliche Einschränkungen, keine Hypermobilität

Anhand der allgemeinen und biometrischen Daten der Testperson ist ein Beweglichkeitstraining wichtig, da außer dem Freizeittennis keine weitere sportliche Aktivität auf dem Wochenplan steht. Ein Koordinationstraining ist unumgänglich, da die Testperson in der Anamnese über leichte koordinative Schwierigkeiten klagte. Da keine weiteren Einschränkungen vorliegen, kann die Testperson unbedenklich das Beweglichkeits- und Koordinationstraining in ihren Alltag einbauen. Ein Dehntraining verbessert nicht nur die

Beweglichkeit, sondern reduziert auch die Dehnungsspannung (Wydra, Glück & Roemer, 1999).

2 Beweglichkeitstestung

Zur Beweglichkeitstestung wird die Testung nach Janda (2000) durchgeführt. Es werden fünf Muskelgruppen manuell getestet:

1. Testdurchführung der Brustmuskulatur (nach Janda, 2000, S. 270):
Die Testperson legt sich mit dem Rücken flach auf eine Behandlungsliege. Die Beine werden angewinkelt und die Füße auf die Liege gestellt. Die Testperson wird gebeten, die Lendenwirbelsäule immer mit Kontakt zur Liege zu halten. Sie fixiert ihren Oberkörper, durch den neben dem Körper abgelegten Arm der nicht zu testenden Seite. Der getestet Arm wird im Schultergelenk abduziert und außenrotiert. Desweiteren wird im Ellenbogen ein 90°-Winkel eingenommen. Gemessen wird die Haltung des Arms zur Waagerechten. Wichtig ist, dass das Becken stabil bleibt und nicht während der Testung angehoben wird. Hierdurch werden Testmanipulationen ausgeschlossen.

Testauswertung (nach Janda, 2000, S. 271):
Stufe 0: Der Oberarm der Testperson erreicht ohne Hilfe die Waagrechte, mit etwas Hilfe kommt der Oberarm unter die Waagrechte. Keine Defizite in der Beweglichkeit zu erkennen.
Stufe 1: Der Oberarm der Testperson erreicht nicht ohne die Hilfe des Testers die Waagrechte. Mit Hilfe gelangt es der Testperson den Oberarm in die Waagrechte zu bringen. Leichte Defizite in der Beweglichkeit zu erkennen.
Stufe 2: Der Oberarm der Testperson erreicht auch mit Hilfe des Testers die Waagrechte nicht. Deutliche Defizite in der Beweglichkeit zu erkennen.

2. Testdurchführung der Hüftbeugemuskulatur (nach Janda, 2000, S. 258):
Die Testperson legt sich mit dem Rücken flach auf eine Behandlungsliege. Das Gesäß liegt an der unteren Kante der Liege. Die Testperson wird gebeten, die Lendenwirbelsäule immer mit Kontakt zu Liege zu halten. Ein Bein wird von der Testperson oberhalb der Kniekehle umfasst und maximal zum Oberkörper gezogen. Das andere Bein wird über die Kante hängen gelassen. Gemessen wird der Hüftbeugewinkel anhand der Oberschenkelposition zur Körperlängsachse. Wichtig ist, dass das Becken stabil bleibt und nicht

während der Testung angehoben wird. Hierdurch werden Testmanipulationen ausgeschlossen. Die Fixierung der Lendenwirbelsäule ist durch das Heranziehen des angewinkelten Beines weitestgehend gegeben, kann jedoch aber durch die freie Hand des Testers unter der Lendenwirbelsäule durch Druck der Testperson verstärkt werden.

Testauswertung (nach Janda, 2000, S. 259):

Stufe 0: Der Oberschenkel der Testperson erreicht ohne Hilfe die Waagrechte, mit etwas Hilfe gelangt es der Testperson den Oberschenkel unter die Waagrechte zu bringen. Keine Defizite in der Beweglichkeit zu erkennen.

Stufe 1: Der Oberschenkel der Testperson erreicht nicht ohne die Hilfe des Testers die Waagrechte, mit Hilfe kommt der Oberschenkel in die Waagrechte. Leichte Defizite in der Beweglichkeit zu erkennen.

Stufe 2: Der Oberschenkel der Testperson erreicht auch mit Hilfe des Testers die Waagrechte nicht. Deutliche Defizite in der Beweglichkeit zu erkennen.

3. Testdurchführung der Kniestreckmuskulatur (nach Janda, 2000, S. 258):

Die Testperson legt sich mit dem Rücken flach auf eine Behandlungsliege. Das Gesäß liegt an der unteren Kante der Liege. Die Testperson wird gebeten, die Lendenwirbelsäule immer mit Kontakt zu Liege zu halten. Ein Bein wird von der Testperson oberhalb der Kniekehle umfasst und maximal zum Oberkörper gezogen. Der Tester fixiert das andere Bein in der maximalen Hüftstreckung und führt das Bein in die maximale Kniebeugung. Gemessen wird der Winkel zwischen Ober- und Unterschenkel. Wichtig ist, dass das Becken stabil bleibt und nicht während der Testung angehoben wird. Hierdurch werden Testmanipulationen ausgeschlossen. Die Fixierung der Lendenwirbelsäule ist durch das Heranziehen des angewinkelten Beines weitestgehend gegeben. Die Behandlungsliege darf keine Störquelle der Beugung im Kniegelenk darstellen.

Testauswertung (nach Janda, 2000, S. 259):

Stufe 0: Der Unterschenkel der Testperson hängt vertikal herab, mit etwas Hilfe kann die Kniebeugung vergrößert werden. Keine Defizite in der Beweglichkeit zu erkennen.

Stufe 1: Der Unterschenkel der Testperson erreicht nicht die Vertikale und ist somit leicht nach vorne gestreckt. Mit Hilfe kann der Unterschenkel in die Vertikale gebracht werden. Leichte Defizite in der Beweglichkeit zu erkennen.

Stufe 2: Der Unterschenkel der Testperson ist deutlich nach vorne gestreckt. Auch mit Hilfe kann der Unterschenkel nicht in die Vertikale gebracht werden. Deutliche Defizite in der Beweglichkeit zu erkennen.

4. Testdurchführung der Kniebeugemuskulatur (nach Janda, 2000, S. 261):
Die Testperson legt sich mit dem Rücken flach auf eine Behandlungsliege. Das nicht getestete Beine wird angewinkelt und der Fuß auf die Liege gestellt. Die Testperson wird gebeten, die Lendenwirbelsäule immer mit Kontakt zur Liege zu halten. Der Tester bringt das zu testende Bein in die Kniestreckung und führt es in die Senkrechte. Dabei greift der Tester nicht an die Patella. Gemessen wird der Winkel zwischen Beinachse und Körperlängsachse. Wichtig ist, dass das Becken stabil bleibt und nicht während der Testung angehoben wird. Hierdurch werden Testmanipulationen ausgeschlossen. Das nicht zu testende Bein muss angewinkelt und aufgestellt bleiben. Desweiteren muss die Kniestreckung bei dem zu testenden Bein beibehalten werden.

Testauswertung (nach Janda, 2000, S. 262):
Stufe 0: Das gestreckte Bein kann in einen 90°-Winkel zur Longitudinalachse gebracht werden. Keine Defizite in der Beweglichkeit zu erkennen.
Stufe 1: Das gestreckte Bein kann nur in einen 80°-90° Winkel zur Longitudinalachse gebracht werden. Leichte Defizite in der Beweglichkeit zu erkennen.
Stufe 2: Das gestreckte Bein kann nur unter einen 80° Winkel zur Longitudinalachse gebracht werden. Deutliche Defizite in der Beweglichkeit zu erkennen.

5. Testdurchführung der Wadenmuskulatur (nach Janda, 2000, S. 255):
Die Testperson legt sich mit dem Rücken flach auf eine Behandlungsliege. Das nicht getestete Beine wird angewinkelt und der Fuß auf die Liege gestellt. Die Testperson wird gebeten, die Lendenwirbelsäule immer mit Kontakt zur Liege zu halten. Das Bein, das getestet wird, muss ausgestreckt werden und die Wade an der Kante der Behandlungsliege aufliegen. Die eine Hand des Testers greift den Fuß an der Ferse, die andere greift an die Fußaußenkante. Der Tester übt mit der Hand an der Ferse Zug aus und zieht sie in seine Richtung. Der Daumen der anderen Hand befindet sich an dem Fußballen und übt Druck nach oben aus, dass der Fuß eine maximale Dorsalextension Richtung Schienbein erreicht. Danach wird das Knie gebeugt, wenn nur der M. soleus allein getestet werden soll, um so das Bewegungsausmaß zu verbessern. Bei der späteren Testauswertung kann somit zwischen M. soleus und M. gastrocnemius differenziert werden. Wichtig ist, dass

der Druck des Daumens über den Fußrand stattfinden. Der Test wäre verfälscht, wenn der Tester in der Fußsohlenmitte drückt, da es dadurch zu Anspannungen der Mm. triceps surae kommen kann. Der Zug an der Ferse ist für ein verwertbares Testergebnis ausschlaggeben. Gemessen wird der Winkel zwischen Fuß und Schienbein.

Testauswertung (nach Janda, 2000, S. 255):

Stufe 0: Die Fußstellung erreicht mindestens einen 90°- Winkel zwischen Schienbein und Fuß. Keine Defizite in der Beweglichkeit zu erkennen.

Stufe 1: Die Fußstellung erreicht keinen 90°-Winkel zwischen Schienbein und Fuß. Die Bewegung im Sprunggelenk Richtung Schienbein ist aber möglich. Leichte Defizite in der Beweglichkeit zu erkennen.

Stufe 2: Die Fußstellung erreicht höchstens einen 100°-Winkel zwischen Schienbein und Fuß. Deutliche Defizite in der Beweglichkeit zu erkennen.

Tab. 2: Beweglichkeitstestergebnisse der Testperson

Brustmuskulatur:	**links:** Stufe 0 **rechts:** Stufe 0	**Bewertung:** Keine Defizite in der Beweglichkeit zu erkennen
Hüftbeugemuskulatur:	**links:** Stufe 0 **rechts:** Stufe 0	**Bewertung:** Keine Defizite in der Beweglichkeit zu erkennen
Kniestreckmuskulatur:	**links:** Stufe 0 **rechts:** Stufe 0	**Bewertung:** Keine Defizite in der Beweglichkeit zu erkennen
Kniebeugemuskulatur:	**links:** Stufe 0 **rechts:** Stufe 0	**Bewertung:** Keine Defizite in der Beweglichkeit zu erkennen
Wadenmuskulatur:	**links:** Stufe 0 **rechts:** Stufe 0	**Bewertung:** Keine Defizite in der Beweglichkeit zu erkennen

3 Trainingsplanung Beweglichkeitstraining

Das Dehnprogramm der Testperson findet immer montags und donnerstags statt. Im Trainingsplan sind zehn Dehnübungen der verschiedenen Muskelgruppen eingeplant, die vom Schultergürtel über die Wirbelsäule bis in die unteren Extremitäten reichen. Da die Testperson keine Einschränkungen diesbezüglich hat, kann ein Dehntraining aller Muskelgruppen problemlos durchgeführt werden. Durch das Dehnen werden auch verletzungsfördernde Asymmetrien der linken und rechten Körperhälfte günstig beeinflusst (Hutterer, 2019).

3.1 Durchführung der Dehnübungen

1. M. triceps brachii: Die Testperson nimmt einen aufrechten Stand ein. Der rechte Arm wird nach oben gestreckt, und anschließend hinter dem Kopf angewinkelt. Nun greift die linke Hand am Ellenbogen und zieht diesen leicht nach links. Dies Position wird 45 Sek. gehalten, danach wird die Seite gewechselt. Es ist darauf zu achten, dass der Kopf in Verlängerung der Wirbelsäule bleibt.

2. M. pectoralis major: Die Brustmuskeldehnung findet an der Wand statt. Dafür nimmt die Testperson die Schrittstellung parallel zur Wand ein, indem das rechte Bein gebeugt an der Wand ist und der rechte Unterarm im rechten Winkel zum Oberarm an die Wand gelegt wird. Der Oberkörper und das Becken werden von der Wand weggedreht. Sobald ein Zug auf dem Brustmuskel zu spüren ist, wird diese Position für 45 Sek. gehalten und danach die Seite gewechselt.

3. M. soleus: Die Testperson nimmt einen aufrechten Stand ein. Die Ferse des rechten Fußes wird vorne aufgestellt und das Bein in maximaler Kniestreckung gehalten. Das linke Bein ist leicht gebeugt. Die rechte Fußspitze wird angezogen und Kontraktion im Schienbeinmuskel aufgebaut. Um die Dehnung zu verstärken beugt die Testperson ihren geraden Oberkörper nach unten. Diese Position wird für 45 Sek. gehalten, dann wird die Seite gewechselt.

4. M. gluteus: Die Testperson nimmt einen aufrechten Stand ein. Das rechte Bein wird angewinkelt nach oben angehoben und die Testperson umschließt ihr Schienbein mit den Händen. Die Dehnung wird erzeugt, indem das Bein mit den Händen nach hinten gezogen, kurz lockergelassen und wieder nach hinten gezogen wird. Diese Übung findet 45 Sek. in dem Rhythmus statt, danach wird die Seite gewechselt.

5. M. quatriceps femoris: Die Testperson nimmt einen aufrechten Stand ein. Das rechte Bein wird angewinkelt und mit der rechten Hand an der Fußfessel gefasst. Die Ferse wird

nun so weit wie möglich zum Gesäß geführt. Das Becken bleibt stabil und die Kniee auf einer Höhe. Diese Position wird für 45 Sek. gehalten, danach wird die Seite gewechselt.

6. M. trapezius, pars descendens: Die Testperson nimmt einen aufrechten Stand ein. Die Schultern werden hängen gelassen. Nun wird der Kopf langsam nach rechts geneigt und die rechte Hand wird über den Kopf auf das linke Ohr gelegt und bringt somit leichten Zug auf die rechte Seite. Die linke Schulter wird bewusst hängen gelassen und die linke Hand zieht nach unten. Diese Position wird für 45 Sek. gehalten und danach die Seite gewechselt.

7. Ischiocrurale Muskulatur: Die Muskelgruppe wird anhand der CHRS-Methode (Contract-Hold-Relax-Stretching) durchgeführt. Die Testperson nimmt die Rückenalge ein. Das linke Bein wird gestreckt abgelegt, das rechte Bein wird gestreckt vom knienden Partner bis zur Dehnschwelle gebracht, indem die Ferse auf seine rechte Schulter gelegt wird und oberhalb der Patella das Bein in der maximalen Kniestreckung gehalten wird. Jetzt wird die Muskulatur für ca. 6-10 Sek. isometrisch kontrahiert. Danach wird die Muskulatur völlig entspannt für ca. 2-3 Sek. Anschließend wird das Bein für 10-20 Sek. in eine Position geführt, die die Testperson einen deutlichen Dehnreiz spüren lässt. Die Übung wird ca. 60 Sek. durchgeführt.

8. Adduktoren: Die Testperson nimmt den Schmetterlingssitz ein. Die Fußsohlen aneinander und die Fersen so nah wie möglich an den Körper ziehen. Die Knie werden Richtung Boden gefedert (ohne Druck durch die Ellenbogen) und das Gesäß wird während der Dehnübung angespannt. Nach 45-sekündliger Dehnphase wird eine 20-sekündige Pause eingelegt und dann die Dehnung wiederholt.

9. Schulterblattstabilisatoren: Die Testperson nimmt den Vierfüßlerstand ein. Nun macht der 43-jährige einen „Katzenbuckel" und bringt somit die Schulterblattstabilisatoren in Dehnung. Diese Position wird im Wechsel mit der „Hängebauchschwein-Position" (Hohlkreuz) für 45 Sek. durchgeführt. Nach 20 Sek. Pause wird der Durchgang wiederholt.

10: M. rectus abdominis: Die Testperson nimmt die Bauchlage mit gestreckten Beinen ein. Die Arme werden seitlich in einem 90° Winkel (Oberarm zum Unterarm) abgelegt. Nun hebt die Testperson den Brustkorb vom Boden an und der Rückenstrecker wird angespannt. Diese Position wird für 45 Sek. gehalten. Nach 20 Sek. Pause wird der Durchgang wiederholt.

Tab. 3: Trainingsplan Dehnübungen

Muskel-gruppe	Dehnmethode	Häufig-keit pro Woche	Sätze pro Übung	Dehn-dauer	Intensi-tät
M. triceps brachii	passiv-statisch	2x	3 pro Seite	45 Sek.	weich
M. pectoralis major	unilateral-passiv	2x	3 pro Seite	45 Sek.	weich
M. soleus	aktiv-statisch	2x	3 pro Seite	45 Sek.	weich
M. gluteus	passiv-dynamisch	2x	3 pro Seite	45 Sek..	weich
M. quatriceps femoris	passiv-statisch	2x	3 pro Seite	45 Sek..	weich
M. trapezius, pars descen-dens	aktiv-passiv	2x	3 pro Seite	45 Sek..	weich
ischiocrurale Muskulatur	contract-hold-relax	2x	1 pro Seite	60 Sek.	weich
Adduktoren	aktiv-dynamisch	2x	3	45 Sek..	weich
Schulterblatt-stabilisatoren	passiv-dynamisch	2x	3	45 Sek..	weich
M. rectus ab-dominis	aktiv-statisch	2x	3	45 Sek..	weich

Die Testperson wird aufgrund mangelhafter Vorerfahrung als Beginner eingestuft und startet somit mit dem Minimalprogramm. Die Sätze pro Übung und die Dehndauer orientieren sich ebenfalls an dem Minimalprogramm nach Rancour, Holmes & Cipriani (2009). Das „weiche" Dehnen wurde für die Testperson ausgewählt, da er noch nie vorher ein Dehntraining absolvierte und beide Dehnintensitäten („weiches" und „maximales" Dehnen) nach Marschall (1999) zu kurzfristigen Verbesserungen führen. Das aktive Dehnen bietet dem Antagonisten, der die Kontraktion ausübt gleichzeitig eine Kräftigung, während der Agonist gedehnt wird. Jedoch können nicht bei allen aktiven Dehnübungen die gezielten Muskeln perfekt angesteuert werden. Welche wiederum bei der passiven Dehnung, ohne Kontraktion des Gegenspielers, aber mit Hilfe eines Partners oder sonstiger Hilfsmittel effektiv besser gedehnt werden. Dadurch werden auch die Muskeln erreicht, die in der Beweglichkeit ziemlich abgeschwächt oder eingeschränkt sind. Das statische Dehnen ist durch seine Einfachheit bekannt. Die Dehnposition wird gehalten und kann somit in jeder Leistungsstufe, in der sich die Testperson befindet, eingesetzt werden. Bei der dynamischen Dehnung ist zu beachten, dass alle Bewegungen langsam und korrekt ausgeführt werden. Das immer wieder Einnehmen der Dehnung und Entspannen führt zu einem positiven Effekt, da während der kurzzeitigen Dehnung die maximale Dehnposition eingenommen wird. Durch ein postisometrisches Dehnen kommt es zu einer kurzfristigen Verbesserung der Bewegungsreichweite (Wydra, 1997).

4 Trainingsplanung Koordinationstraining

Für den Anfang wird das Koordinationstraining der Testperson dreimal wöchentlich stattfinden. Im Trainingsplan sind zehn Koordinationsübungen enthalten, die von der Testperson alle barfüßig ausgeführt werden. Ein propriozeptives Training fördert die Tiefensensibilität, die eigen Körperwahrnehmung und das Verstärken der physiologischen Gelenkstellung (Häfelinger & Schuba, 2007). Da die Testperson über koordinative Schwächen berichtete, fängt das Training mit den einfachsten Übungen an, um Misserfolgen entgegenzuwirken. Desweiteren wird im Trainingsplan darauf geachtet, dass die Übungsauswahl von statischen Übung in dynamisch Übungen überläuft, sowie von fester zu wackliger Unterstützungsfläche (Chwilkowski, 2006).

4.1 Durchführung der Koordinationsübungen

1. Die Testperson nimmt einen aufrechten, beidbeinigen Stand ein. Die Füße stehen hüftbreit auseinander. Die Arme werden waagrecht nach vorne ausgestreckt und die Augen werden geschlossen. Die statische Position wird für 30 Sek. gehalten. Danach wird eine Pause von 20 Sek. eingehalten und die Übung wiederholt.

2. Die Testperson nimmt einen aufrechten, beidbeinigen Stand ein. Die Füße stehen hüftbreit auseinander. Die Testperson verlagert selbstständig ihr Körpergewicht nach links, rechts, vorne und hinten. Bleibt währenddessen aber stabil. Bevor er zur nächsten Position wechselt, muss sein Gleichgewicht wieder ausgeglichen werden. Die dynamische Koordinationsübung wird mit 20 Wdh. in die unterschiedlichen Richtungen ausgeführt, danach wird eine Pause von 20 Sek. eingehalten und die Übung wiederholt.

3. Die Testperson nimmt einen aufrechten, beidbeinigen Stand ein. Der rechte Fuß steht direkt vor dem linken Fuß auf einer Linie. Die Arme werden waagrecht nach vorne ausgestreckt. Die statische Position wird für 30 Sek. gehalten. Es wird keine Satzpause eingelegt, da im Anschluss ein Beinwechsel sattfindet.

4. Die Testperson nimmt einen aufrechten, einbeinigen Stand ein. Für ein stabiles Gleichgewicht dürfen die Arme waagrecht zur Seite genommen werden. Die statische Position wird für 30 Sek. gehalten. Es wird keine Satzpause eingelegt, da im Anschluss ein Beinwechsel sattfindet.

5. Die Testperson nimmt einen aufrechten, einbeinigen Stand ein. Für ein stabiles Gleichgewicht dürfen die Arme waagrecht zur Seite genommen werden. Nun wird das in der Luft hängende Bein vor und zurück geschwungen. Die dynamische Koordinationsübung wird mit 20 Wdh. pro Seite durchgeführt. Es wird keine Satzpause eingelegt, da im Anschluss ein Beinwechsel sattfindet.

6. Die Testperson balanciert auf dem, am Boden liegenden, Seil 10 Schritte nach vorne. Die Füße werden längs voreinander aufgesetzt. Danach wird eine Pause von 20 Sek. eingehalten und die dynamische Übung wiederholt.

7. Die Testperson nimmt die Ausfallschrittposition ein, das rechte Bein ist vorne. Die Arme werden senkrecht nach oben gestreckt. Die statische Position wird für 20 Sek. gehalten. Es wird keine Satzpause eingelegt, da im Anschluss ein Beinwechsel sattfindet.

8. Für diese Übung wird ein Airex-Kissen auf den Boden gelegt und die Testperson nimmt darauf einen aufrechten, beidbeinigen Stand ein. Die Füße stehen hüftbreit auseinander. Die Arme werden waagrecht nach vorne ausgestreckt und die Augen werden geschlossen. Die statische Position wird für 20 Sek. gehalten. Danach wird eine Pause von 20 Sek. eingehalten und die Übung wiederholt.

9. Für diese Übung wird ein Airex-Kissen auf den Boden gelegt und die Testperson nimmt darauf einen aufrechten, einbeinigen Stand ein. Für ein stabiles Gleichgewicht dürfen die Arme waagrecht zur Seite genommen werden. Die statische Position wird für 20 Sek. gehalten. Es wird keine Satzpause eingelegt, da im Anschluss ein Beinwechsel sattfindet.

10. Für diese Übung wird ein Airex-Kissen auf den Boden gelegt und die Testperson nimmt einen aufrechten, beidbeinigen Stand vor dem Kissen ein. Die Testperson springt beidbeinig vom Boden ab und landet beidbeinig auf dem Ariex-Kissen. Danach geht er einbeinig wieder vom Kissen runter in die Ausgangsstellung und wiederholt die Übung. Die dynamische Übung wird mit 10 Wdh. ausgeführt, danach wird eine Pause von 20 Sek. eingehalten und die Übung wiederholt.

Tab. 4: Trainingsplan Koordinationsübungen

Koordinationsübung	Häufig-keit pro Woche	Sätze pro Übung	Belas-tungsdauer	Satzpausen
Beidbeiniger Stand (geschlossene Augen)	3x	2	30 Sek.	20 Sek.
Beidbeiniger Stand (Körpergewichtsverlagerung)	3x	2	20 Wdh.	20.Sek.
Linienstand (geöffnete Augen)	3x	2	30 Sek.	Keine (Beinwechsel)
Einbeiniger Stand (geöffnete Augen)	3x	2	30 Sek.	Keine (Beinwechsel)
Einbeiniger Stand (geöffnete Augen, Bein schwingen)	3x	2	20 Wdh. pro Seite	Keine (Beinwechsel)
Balancieren auf einem Seil am Boden (geöffnete Augen)	3x	2	10 Wdh.	20 Sek.
Ausfallschritt mit Armen nach oben (geöffnete Augen)	3x	2	20 Sek.	Keine (Beinwechsel)
Beidbeiniger Stand auf Airex-Kissen (geschlossene Augen)	3x	2	20 Sek.	20 Sek.
Einbeiniger Stand auf Airex-Kissen (geöffnete Augen)	3x	2	20 Sek.	Keine (Beinwechsel)
Beidbeiniger Sprung auf Airex-Kissen (geöffnete Augen)	3x	2	10 Wdh.	20 Sek.

Die Testperson wird auch beim Koordinationstraining als Beginner eingestuft, da aus der Anamnese von Schwächen in der Koordination berichtet wurde. Die Haltedauer der einzelnen statischen Übungen werden nach Chwilkowski (2006) und Häfelinger (2007) auf 20-30 Sek. begrenzt. Die ersten Übungen sind die einfachen Übungen und können somit auch länger gehalten werden. Die nachfolgenden werden auf 20 Sek. Belastungsdauer gekürzt, da die Anforderung an die Testperson erhöht wird. Ebenfalls geschieht dies mit der Wiederholungszahl bei den dynamischen Übungen. Ein propriozeptives Training sollte nicht länger als fünf Sätze pro Übung durchgeführt werden. Außerdem ist eine Pausendauer von unter 45 Sek. einzuhalten.

5 Literaturrecherche

Tab. 5: Wissenschaftliche Studien für die Effekte des Dehnens im Hinblick auf die Verletzungsprohylaxe (modifiziert nach Pope et al., 2000; Bixler & Jones, 1992)

Studie 1	Fragestellung	Studie 2
Pope, Herbert, Kirwan, Graham	Wer hat die Studie durchgeführt?	Bixler, Jones
Februar 2000	In welchem Jahr wurde die Studie publiziert?	1. Juni 1992
Die Studie untersucht die Wirkung von Muskeldehnung während des Aufwärmens auf das Risiko von körperlichen Verletzungen.	Welche Forschungsfrage wurde untersucht?	In dieser Studie wird untersucht, welcher Teil der Verletzungen im dritten Viertel eines Spiels auftritt und ob das Durchführen einer Aufwärm- und Dehnungsroutine nach der Halbzeit die Häufigkeit von Verletzungen im dritten Viertel verringert.
1538 männliche Armeerekruten	Mit welchen Versuchspersonen wurde die Studie durchgeführt?	High-School Football-Teams
1538 männliche Armeerekruten wurden nach dem Zufallsprinzip in zwei Gruppen (Dehnungsgruppe, Kontrollgruppe) aufgeteilt. Das Training erfolgte zwölf Wochen lang. Beide Gruppen führten vor jedem Training aktive Aufwärmübungen durch, während die Dehnungsgruppe noch zusätzlich für jede der sechs Hauptmuskelgruppen eine 20-sekündige statische Dehnung durchführte.	Wie sah der Versuchsaufbau der Studie aus?	Die Teams der Interventionsgruppe nahmen nach der Halbzeitpause an einer vorgeschriebenen dreiminütigen Aufwärm- und Dehnungsroutine teil. Die Kontrollgruppe machte keine Aufwärm- und Dehnungsübungen.

Studie 1	Fragestellung	Studie 2
Während des Trainings-zeitraums kam es zu 333 Verletzungen der unteren Extremitäten. 158 Verlet-zungen in der Dehnungs-gruppe und 175 in der Kotrollgruppe. Es gab keine signifikante Auswir-kung des Dehnens vor dem Training auf das Verletzungsrisiko.	Welche relevanten Ergebnisse und Schlussfolgerun-gen liefert die Stu-die?	In 55 Spielen wurden 108 Verletzungen festgestellt. Davon 38% Bänderverstau-chungen und Muskelver-spannungen. Bei der Kon-trollgruppe traten Verletzun-gen im dritten Quartal am häufigsten auf. Die Teams der Interventionsgruppe er-litten im dritten Quartal signi-fikant weniger Verstauchun-gen und Belastungen pro Spiel, obwohl kein signifi-kanter Unterschied bei den Verletzungen im dritten Quartal festgestellt wurde. Diese Ergebnisse deuten auf einen Zusammenhang zwischen dem Aufwärmen und Dehnen nach der Pause und einer Verringerung der Verstauchungs- und Belas-tungsverletzungen im dritten Quartal hin.

6 Literaturverzeichnis

Bixler, B. & Jones, R. L. (1992): High-school football injuries: effects of a post-half-time warm-up and stretching routine. In: *Family practice research journal* 12 (2), S. 131–139. Online verfügbar unter http://dx.doi.org/.

Chwilkowski, C. (2006): Medizinisches Koordinationstraining - Verbesserung der Haltungs- und Bewegungskoordination durch Propriozeption. 2. Aufl. Köln: Deutscher Trainer Verlag.

Häfelinger, U. & Schuba, V. (2007): Koordinationstherapie - propriozeptives Training. Wo Sport Spaß macht. 3. überarb. Aufl. Aachen: Meyer & Meyer Verlag.

Hutterer C. (2019): Dehnen und Faszientraining: Was bringt es für die sportliche Leistung. In: *Deutsche Zeitschrift für Sportmedizin.*

Janda, V. (2000): Manuelle Muskelfunktionsdiagnostik. 4. Aufl. München: Urban & Fischer.

Marschall, F. (1999): Wie beeinflussen unterschiedliche Dehnintensitäten kurzfristig die Veränderung der Bewegungsreichweite? In: *Deutsche Zeitschrift für Sportmedizin* (50), S. 5–9.

Pope, R. P.; Herbert, R. D.; Kirwan, J. D.; Graham, B. J. (2000): A randomized trial of preexercise stretching for prevention of lower-limb injury. In: *Medicine and science in sports and exercise* 32 (2), S. 271–277. DOI: 10.1097/00005768-200002000-00004.

Rancour, J., Holmes, C. F. & Cipriani, D. J. (2009): The effects of intermittent stretching following a 4-week static stretching protocol: a randomized trial. In: *Journal of strength and conditioning research* 23 (8), S. 2217–2222. DOI: 10.1519/JSC.0b013e3181b869c7.

Wydra, G. (1997): Stretching - ein Überblick über den aktuellen Stand der Forschung. In: *Sportwissenschaft* 27, S. 409–427.

Wydra, G., Glück, S. & Roemer, K. (1999): Kurzfristige Effekte verschiedener singulärer Muskeldehnung. In: *Deutsche Zeitschrift für Sportmedizin* 50 (1), S. 10–16.

7 Tabellenverzeichnis

BEI GRIN MACHT SICH IHR WISSEN BEZAHLT

- Wir veröffentlichen Ihre Hausarbeit,
  Bachelor- und Masterarbeit

- Ihr eigenes eBook und Buch -
  weltweit in allen wichtigen Shops

- Verdienen Sie an jedem Verkauf

Jetzt bei www.GRIN.com hochladen und kostenlos publizieren